BEI GRIN MACHT SICH IHR WISSEN BEZAHLT

- Wir veröffentlichen Ihre Hausarbeit,
  Bachelor- und Masterarbeit

- Ihr eigenes eBook und Buch -
  weltweit in allen wichtigen Shops

- Verdienen Sie an jedem Verkauf

Jetzt bei www.GRIN.com hochladen
und kostenlos publizieren

Christian Johannes von Rüden

Quellenanalyse zum deutschen Außenhandel und Außenhandelsüberschuss 2007

"Saldo" zum Stand vor der Finanzkrise 2008

GRIN Verlag

Bibliografische Information der Deutschen Nationalbibliothek:

Die Deutsche Bibliothek verzeichnet diese Publikation in der Deutschen National-
bibliografie; detaillierte bibliografische Daten sind im Internet über http://dnb.d-
nb.de/ abrufbar.

Impressum:

Copyright © 2008 GRIN Verlag GmbH
Druck und Bindung: Books on Demand GmbH, Norderstedt Germany
ISBN: 978-3-656-54485-2

Dieses Buch bei GRIN:

http://www.grin.com/de/e-book/170659/quellenanalyse-zum-deutschen-aussenhan-
del-und-aussenhandelsueberschuss

GRIN - Your knowledge has value

Der GRIN Verlag publiziert seit 1998 wissenschaftliche Arbeiten von Studenten, Hochschullehrern und anderen Akademikern als eBook und gedrucktes Buch. Die Verlagswebsite www.grin.com ist die ideale Plattform zur Veröffentlichung von Hausarbeiten, Abschlussarbeiten, wissenschaftlichen Aufsätzen, Dissertationen und Fachbüchern.

Besuchen Sie uns im Internet:

http://www.grin.com/

http://www.facebook.com/grincom

http://www.twitter.com/grin_com

Hanse-Kolleg Lippstadt

Abendgymnasium

Semester 5 – 17.Oktober 2008

Grundkurs Volkswirtschaftslehre

Note: 1x

Quellenanalyse zum deutschen Außenhandel und Außenhandels-

überschuss 2007

-„Saldo" zum Stand vor der Finanzkrise 2008-

von

Christian Johannes von Rüden

Aufgaben:
1. Analysieren Sie den Zeitungstext hinsichtlich der derzeitigen Lage des deutschen Außenhandels und seine Bedeutung für die Binnenwirtschaft.
2. Erläutern Sie den Begriff Außenhandelsüberschuss.
3. Nehmen Sie Stellung zu der Auffassung, dass für Deutschland ein dauerhafter Exportüberschuss anzustreben sei.

Material: Zeitungsartikel des Tagesspiegels vom 09.01.2008

Quelle:

Der Tagesspiegel (Hg.). (2008). *Deutschland mit neuem Export-Rekord.* Abgerufen am: 17. April 2011. von:

http://www.tagesspiegel.de/wirtschaft/deutschland-mit-neuem-export-rekord/1137852.html

1) Im Text „Deutschland mit neuem Export-Rekord", aus der Online-Ausgabe des Tagesspiegels vom 09.01.2008 beschreibt der Tagesspiegelredakteur ob und warum Deutschland auch im Jahr 2008, wie schon in 2007 Exportweltmeister werden könnte.

Der Redakteur geht zunächst auf den in 2007 durch Deutschland aufgestellten „Exportrekord" ein und stellt heraus, dass das statistische Bundesamt den Titel „Exportweltmeister" als berechtigt ansieht. (Z. 1-3)
Jedoch wird auch zu Beginn bereits auf die starke Konkurrenz aus China hingewiesen, mit der es zu einem „Kopf- an Kopfrennen" in 2008 kommen kann.

Weiter geht der Autor auf den Wert der Waren ein, welche in den ersten elf Monaten 2007 exportiert wurden und vergleicht diesen mit dem Gesamtergebnis aus 2006. (Z. 6-8).
An diese Daten anknüpfend geht er dann dazu über auch den Saldo aus Exporten und Importen mit den Vorjahreszahlen zu vergleichen. (Z. 8-11)

Nachdem der Autor die „geleistete Arbeit" der deutschen Exportwirtschaft unter die Lupe genommen hat, wendet er sich, mehr ins Detail gehend, den für das kommende Jahr gegebenen Prognosen zu.

Er stellt klar, dass der BGA eine weitere Erhöhung des Ausfuhrvolumens erwartet, womit die Marke von einer Billion Euro vermutlich überschritten würde. (Z. 12-13)
Die Erhöhung würde jedoch durch diverse, im Ausland verursachte, Faktoren abgeschwächt. (Z. 13-16)

Hierauf geht der Autor im Folgenden weiter im Detail ein und liefert diverse Daten um die Aussage des Volkswirts Matthias Rubisch faktisch zu untermauern.

Der Beginn des Textes weist darauf hin, dass das Interesse des Lesers durch die positive Bezeichnung Deutschlands als „Exportweltmeister" geweckt werden soll.

Die Quelle, die Dieses behauptet ist das deutsche statistische Bundesamt. Somit wird deutlich, dass das Jahr 2007 im Fazit von der führenden deutschen Statistikbehörde als voller Erfolg, hinsichtlich des Außenhandels, bewertet wird.

Bezüglich des anbrechenden Jahres 2008 sieht das statistische Bundesamt die Lage des Außenhandels jedoch um einiges kritischer. Es weißt darauf hin, dass der Konkurrenzdruck durch China erheblich wächst. (Z. 3)

Es besteht daher die Angst, dass andere Exportmächte, welche sich, wie etwa China, noch stark im Wachstum befinden, Deutschland in den Schatten stellen könnten, was Menge und evtl. auch Qualität der exportierten Güter angeht.

Deutschland bleibt zudem nicht die Möglichkeit diesem Trend mit „aller Kraft" entgegen zu wirken, da die Aufwertung des Euro die Exporte und Wettbewerbsfähigkeit deutscher Firmen im außereuropäischen Ausland zusätzlich bremst. (Z. 4-5)

Bei den im Text genannten Zahlen zur Gesamthöhe der Exporte lässt sich feststellen, dass ein stetiger Aufwärtstrend vorhanden ist, welcher dadurch belegt wird, dass bereits in den ersten elf Monaten 2007 wertmäßig 2,7 Mrd. Euro mehr exportiert wurde, als im gesamten Jahr 2006. (Z. 6-7)

Noch deutlicher wird das gute Ergebnis des Jahres 2007 dadurch, dass der Saldo aus Exporten und Importen, also der Außenhandelsüberschuss gegenüber dem gesamten Jahr 2006 in den ersten elf Monaten in 2007 um ganze 27 Milliarden auf 185,8 Milliarden Euro angestiegen ist. Dies ist zusätzliches Geld, was der EZB als Devisenpolster zur Verfügung steht.

Bezüglich der Binnenwirtschaft hat dies den Vorteil, dass momentan viele Arbeitsplätze, welche an Exportunternehmen gekoppelt sind, erhalten werden. Nachteilig wirkt sich jedoch aus, dass die Deutschen aufgrund verstärkter Warenausfuhr einen Warenverzicht üben müssen. Bei gleichzeitig steigender Geldmenge besteht hier die Gefahr, dass eine Inflation einsetzen könnte.

Im Hinblick auf die Prognosen, die der Text im zweiten Teil wiedergibt, ist zunächst hervorzuheben, dass das Ausfuhrvolumen in 2008 nach Expertenmeinung auf über eine Billion Euro steigen wird. (Z. 12-13)

Jedoch kann hieraus nicht abgeleitet werden, ob auch der Außenhandelsüberschuss sich konstant bei den zuvor erreichten 185,8 Mrd. Euro halten kann. Hier ist die positive Prognose also mit Vorsicht zu genießen.

Im Text werden im Folgenden, als Hauptgründe eines weniger positiven Ausblicks, die Abschwächung der Weltkonjunktur sowie die derzeit herrschende und damals gerade hereingebrochene Finanzkrise hervorgehoben.

Bezüglich der Letzteren kann man seit der Erstellung des Textes das Fazit ziehen, dass sie sich wirklich bereits in vielen Teilen der Wirtschaft als „Wachstumsbremse" und somit auch als Bremse des deutschen Außenhandels erwiesen hat.

Die im Text genannten Zahlen seit September 2007 belegen die Abschwächung des Exportzuwachses. Im November wurden die zweitniedrigsten Zuwächse des Jahres verzeichnet und diese waren nicht mehr zweistellig sondern nur noch einstellig.

Auch wird betont, dass Deutschland bezüglich des Außenhandels in naher Vergangenheit sehr abhängig von Ländern der Eurozone geworden ist, was lediglich eine supranationale Stabilität, nicht jedoch einen internationalen Vorteil bedeutet.

Da der Euroraum sowieso bereits weitestgehend als wirtschaftliche Einheit zusammen arbeitet, sind die Exportraten die ins nichteuropäische Ausland gehen als wichtiger einzustufen. Genau diese verringern sich jedoch derzeit.

2) Der Begriff Außenhandelsüberschuss beschreibt den Saldo aus Exporten und Importen eines Landes an Waren. (Ergebnis der Handelsbilanz)

Da es ein Außenhandelsüberschuss ist, ist hier der Wert der Exporte (ins Ausland) höher als der Wert der Importe (ins Inland).

Anhand der Schwankungen des Außenhandelsüberschusses und dessen Höhe kann man feststellen, ob ein Land als „Exportnation" bezeichnet werden kann, wie etwa Deutschland, oder ob ein Überschuss nur gelegentlich auftritt und das Land eine eher ausgeglichene Handelsbilanz aufweist.

3) Wie bereits vielfach bei genaurem Hinsehen im Text zu erkennen ist, birgt ein dauerhafter Exportüberschuss für Deutschland sowohl Chancen als auch Risiken.

Ein Vorteil ist, dass durch hohe Exportüberschüsse in Deutschland derzeit viele Menschen einen Arbeitsplatz besitzen, die speziell für das Ausland an einem Produktionsprozess beteiligt sind.

Sinken die Exporte, werden aller Wahrscheinlichkeit nach viele Arbeitsplätze wegfallen, wenn sich nicht im Inland der Bedarf für genau diese Menge an Gütern erhöht. Dies ist jedoch eher unwahrscheinlich.

Ein anderer Vorteil ist, dass Deutschland für die EZB Devisen „ins EU-Gebiet holt". Hierdurch wird die EZB in ihrer Handlungsfähigkeit gestützt und es entsteht ein gewisses „Kapitalpolster".

Ein Nachteil wäre, dass durch zu hohe Kapitalströme ins Inland die Geldmenge „aufbläht". Es kann zu einer importierten Inflation kommen. Da sich im Euroraum die Devisen jedoch auf mehrere Länder verteilen, von denen einige unter Anderem keinen Außenhandelsüberschuss erwirtschaften, dürfte sich dieses Problem weitestgehend erledigt haben.

Ein anderes Problem das jedoch auftreten könnte wäre, dass Zielstaaten der deutschen Exporte, wie etwa die USA oder andere, ihre Einfuhrzölle erhöhen oder Einfuhrmengen bestimmen könnten um die Konkurrenz für die eigene, geschwächte Wirtschaft zu verringern. Jedoch ist auch dieses Problem durch eine „Ächtung" solcher Maßnahmen im globalen Kapitalismus weitestgehend „behoben".

Es könnte allerdings immer vorkommen, dass ganz einfach der ausländische Bedarf gedeckt ist und kein Interesse mehr an deutschen Exportgütern besteht, bzw. die Güter anderer Exportnationen bevorzugt werden.

Aufgrund dieser Tatsachen halte ich es für sinnvoll in einem gesunden Maß auf die Exportüberschüsse in Deutschland zu bauen, da Deutschland aufgrund von Ressourcenarmut ja auch auf ein erfolgreiches Vermarkten seines „Fachwissens" angewiesen ist. Jedoch sollte ab einem bestimmten Punkt Vorsicht geboten sein, um sich nicht selbst in zu große Abhängigkeit zum Ausland zu bringen, was dann im Ernstfall einfach zu hohe Arbeitslosigkeit und andere fatale Folgen nach sich ziehen würde.